Bibliografische Informationen
der Deutschen Nationalbibliothek:
Die Deutsche Nationalbibliothek verzeichnet diese
Publikation in der Deutschen Nationalbibliografie;
detaillierte bibliografische Daten sind
im Internet über www.dnb.de abrufbar.

Herstellung und Verlag:
BoD – Books on Demand, Norderstedt

ISBN: 978-3-7347-6754-8

BilderRätsel

für Frauen

Setze die Bilder zu einem sinnvollen Wort zusammen
und schreibe die Lösung darunter.
Ein wunderbarer Spaß für Frauen.
Ob allein oder zu zweien,
BilderRätsel und Liebeleien.

Die Lösungen stehen auf den letzten Seiten.
Aber nicht schummeln! Am besten
eine kennt die Lösungen und bringt bei
schwereren Rätseln die andere auf die Fährte.

Viel Freude damit
wünscht die Zeichnerin Maren Roloff.

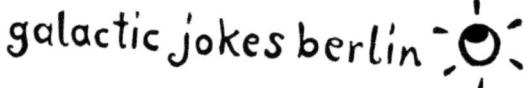

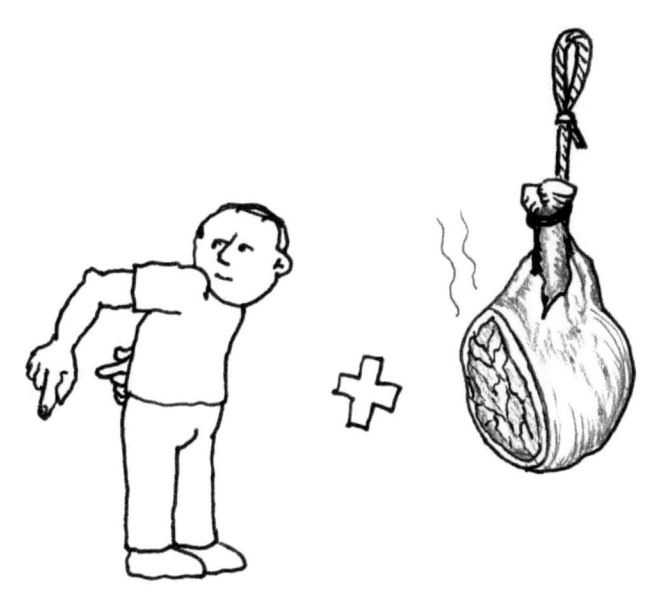

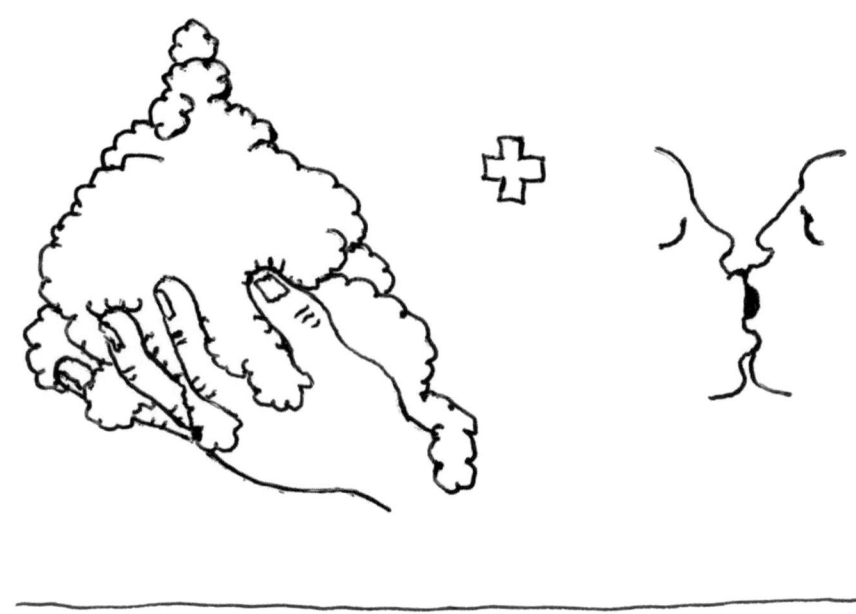

2

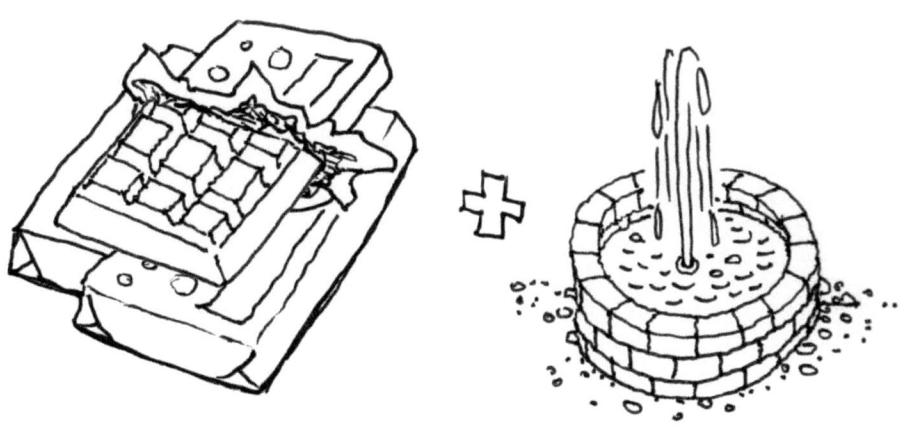

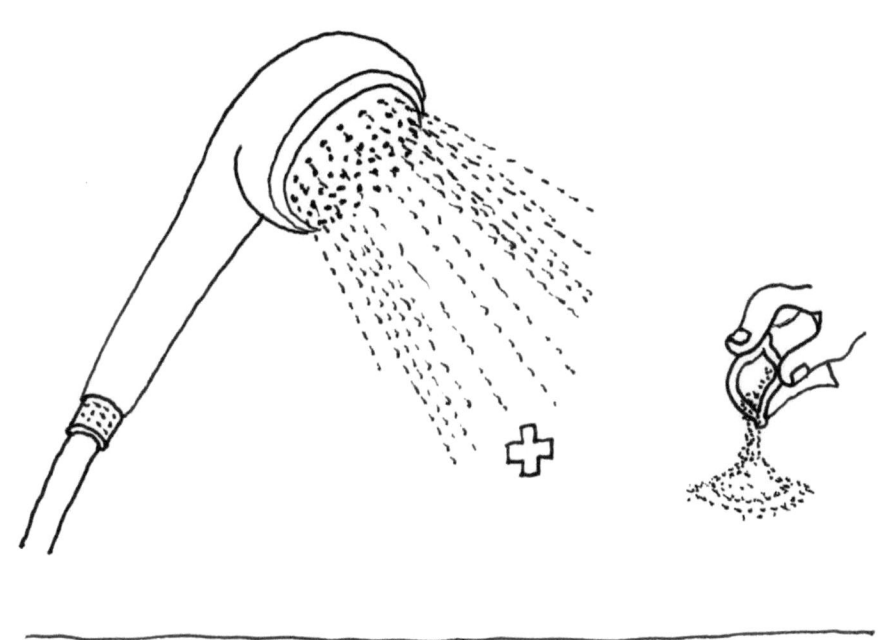

englisch

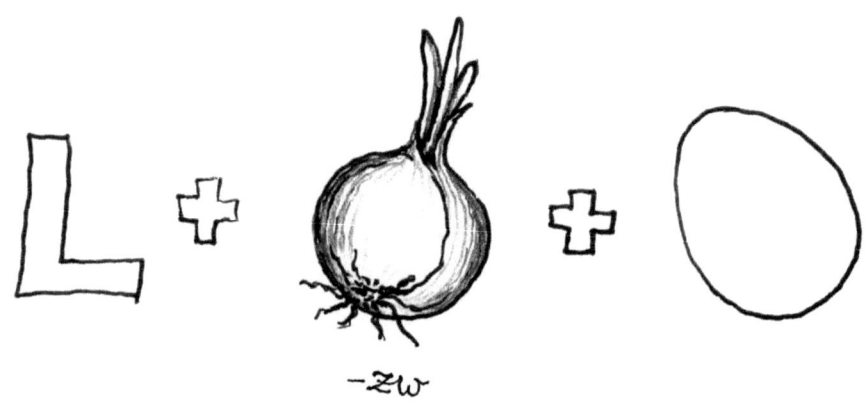

-zw

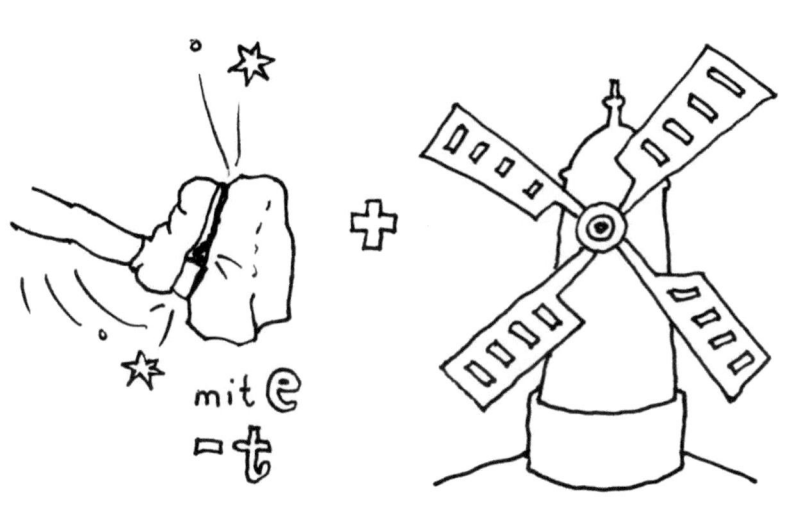

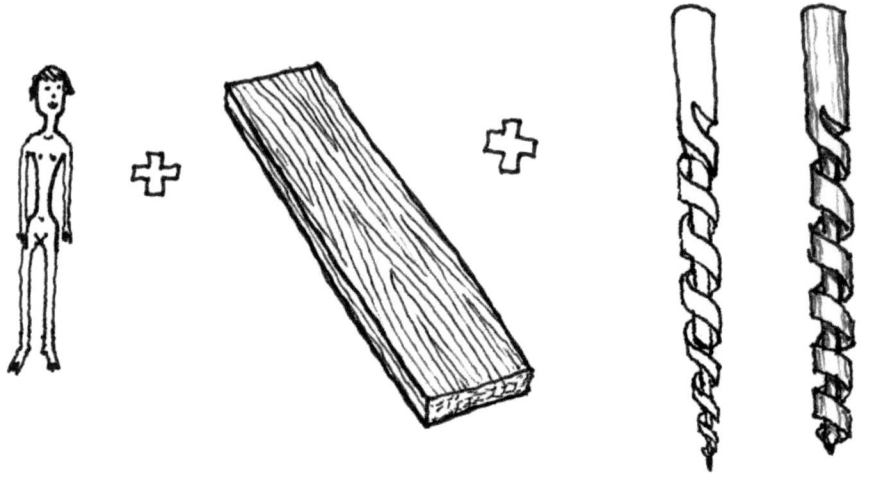

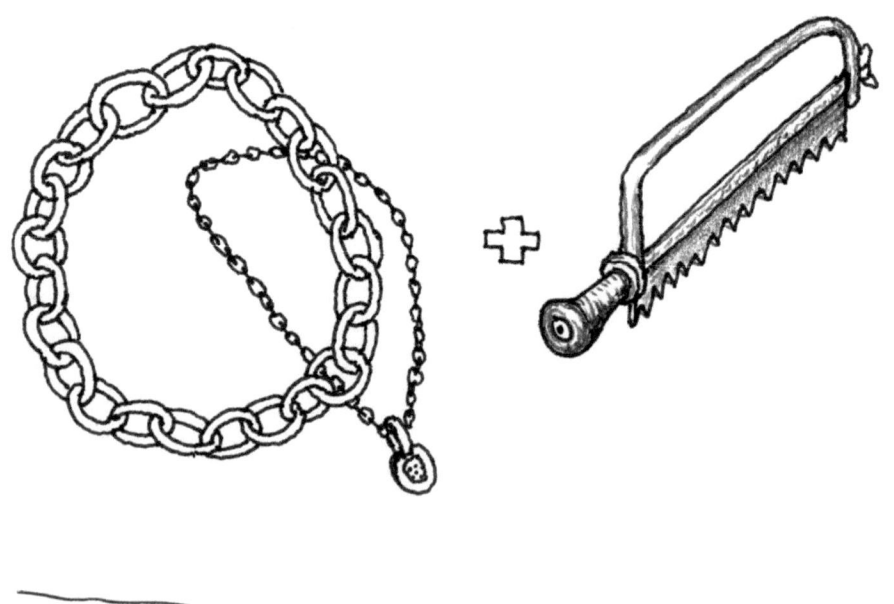

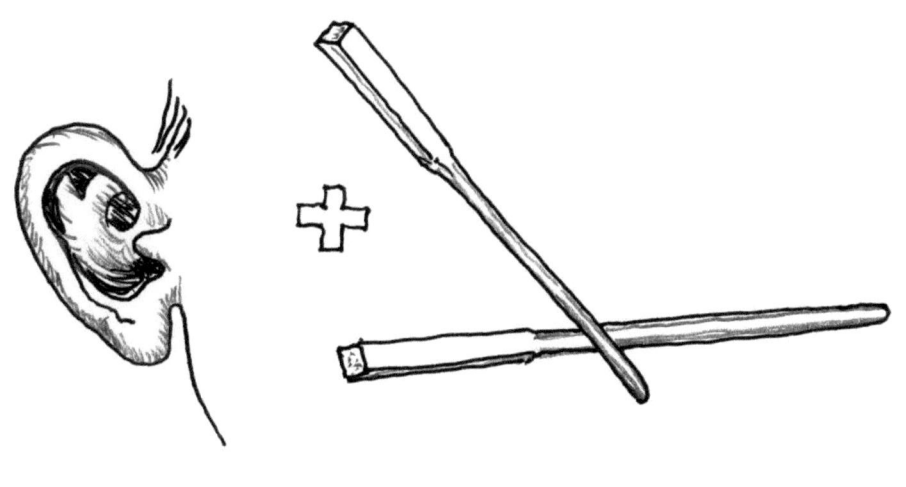

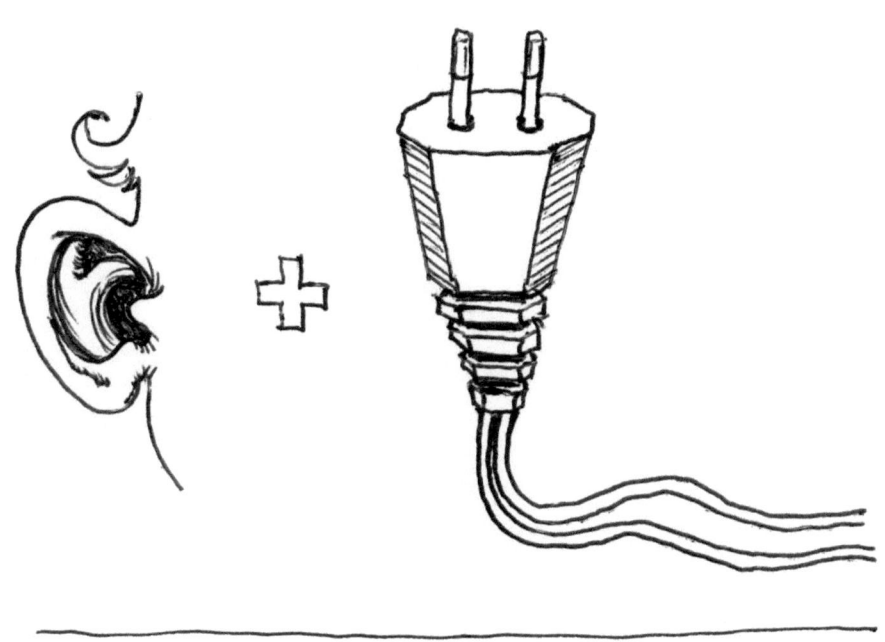

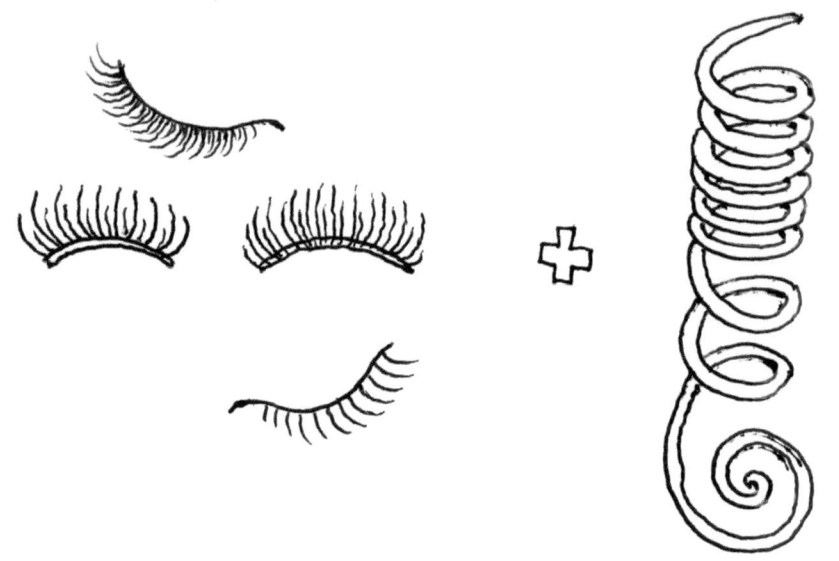

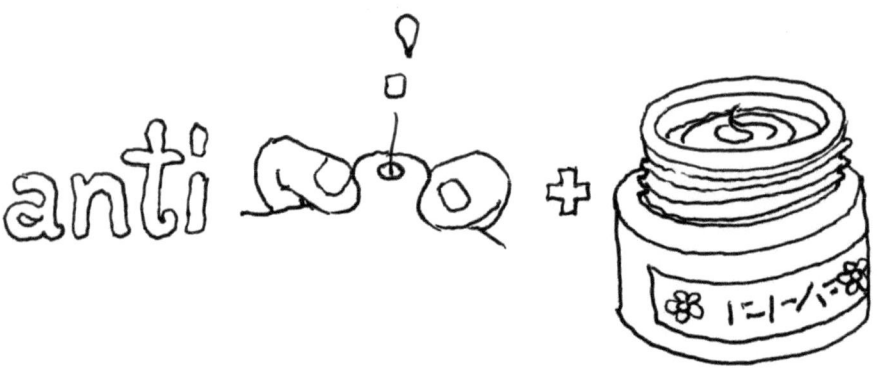

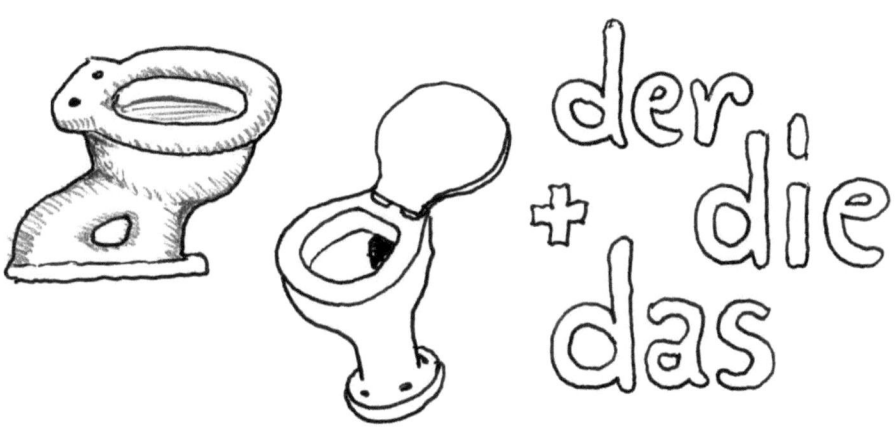

der
+ die
das

r

mit ä

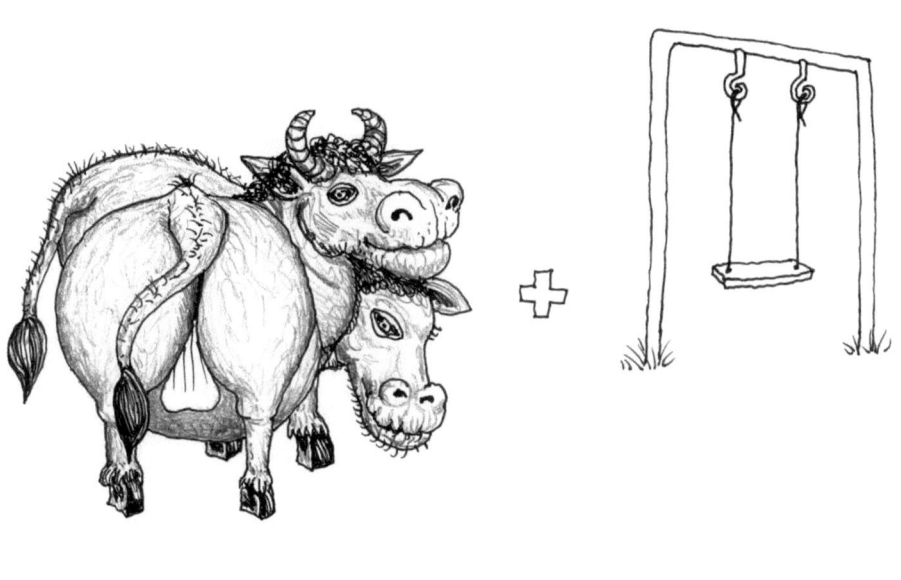

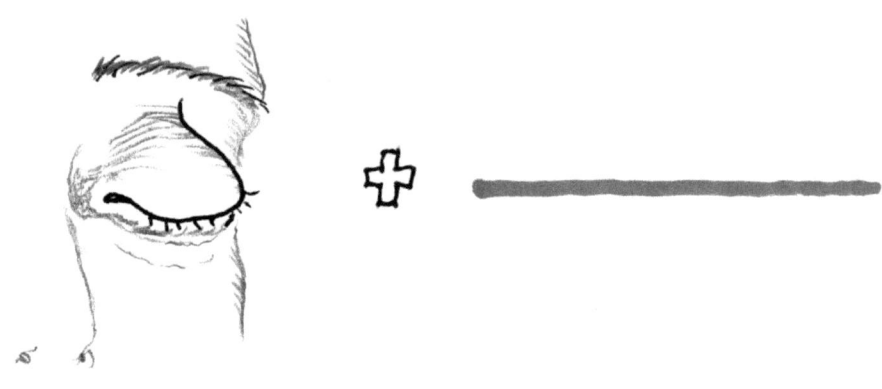

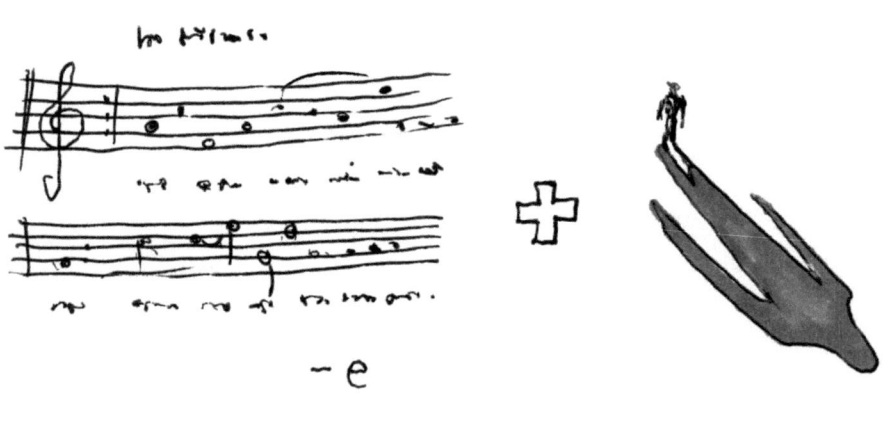

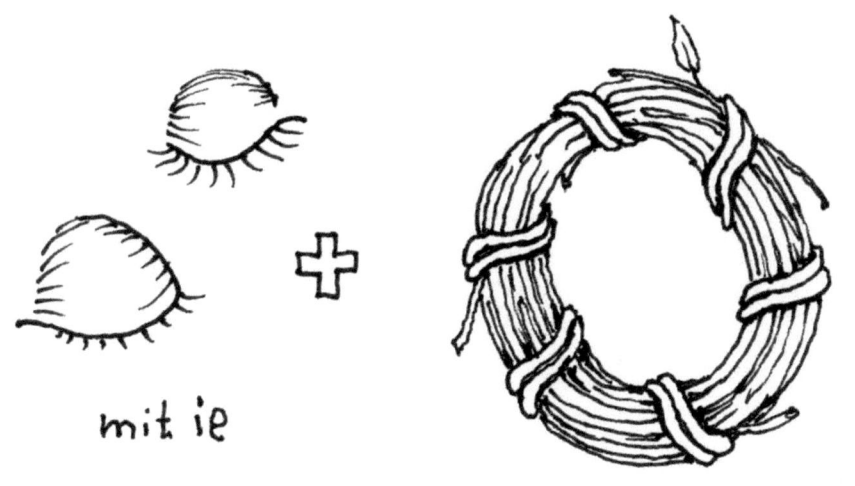

mit ie

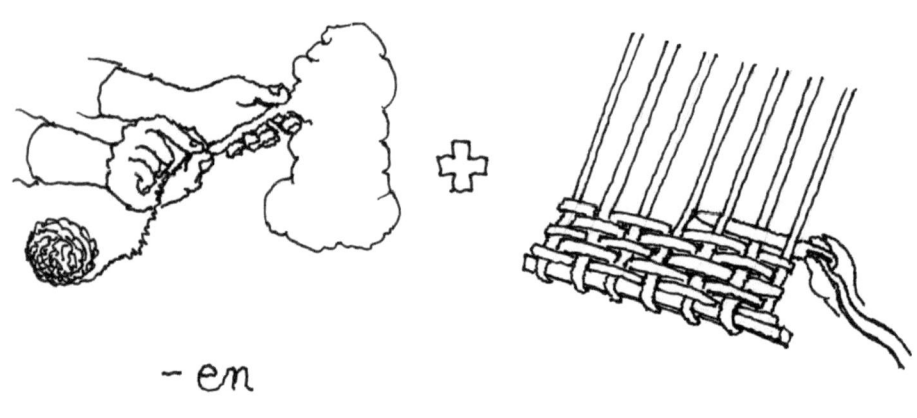

– en

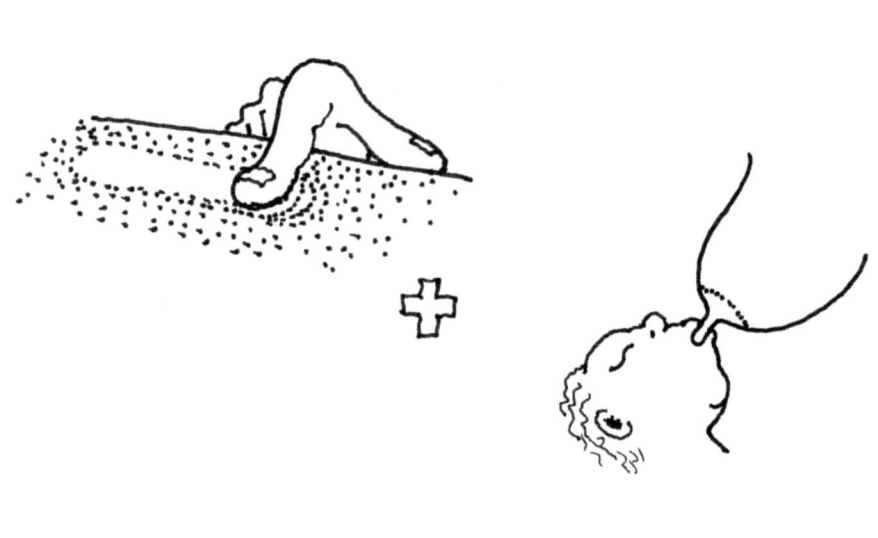

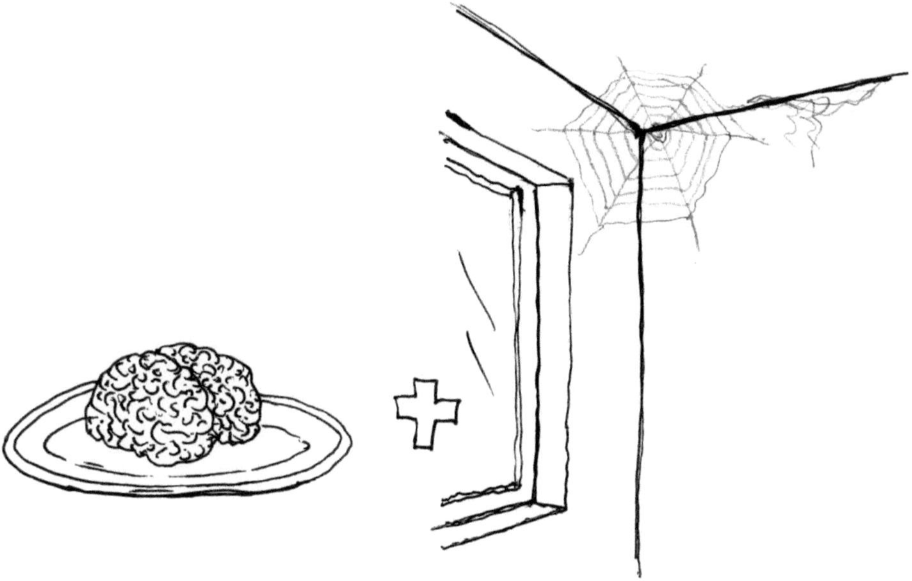

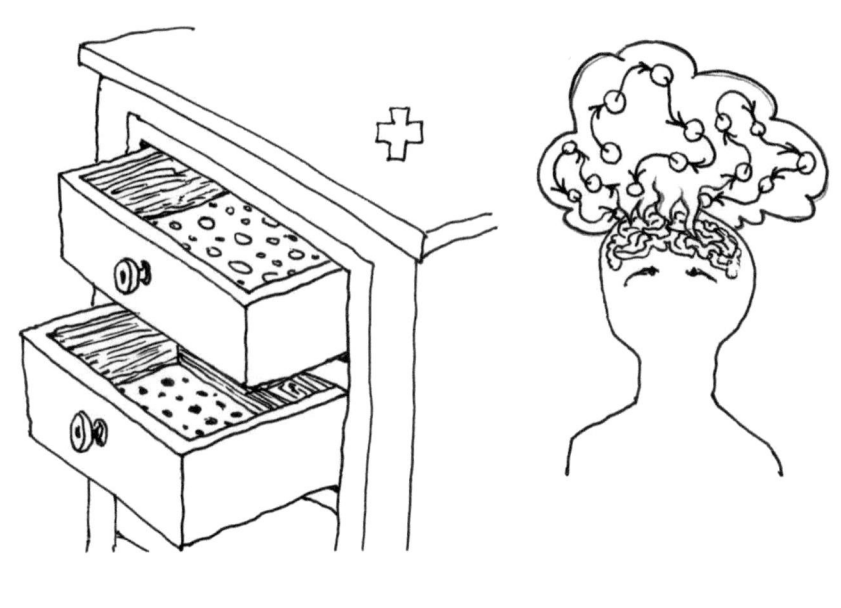

16

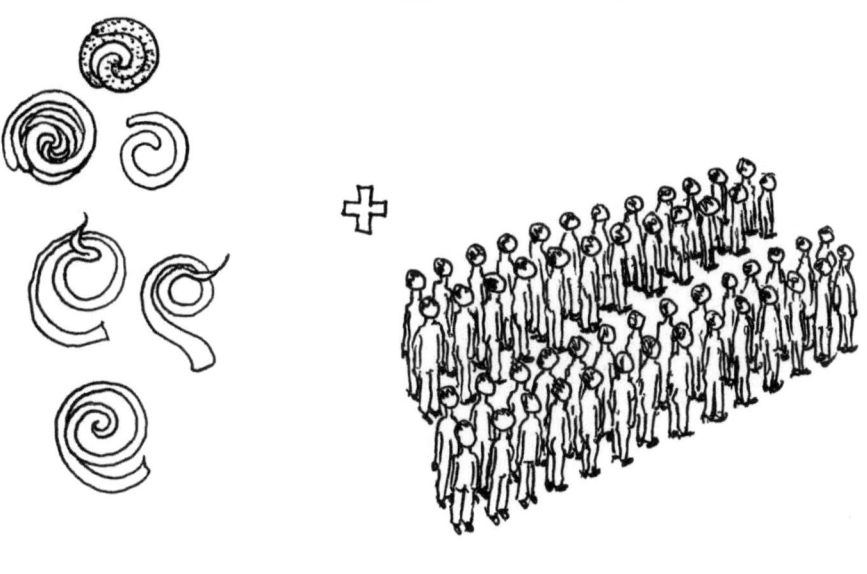

 + si

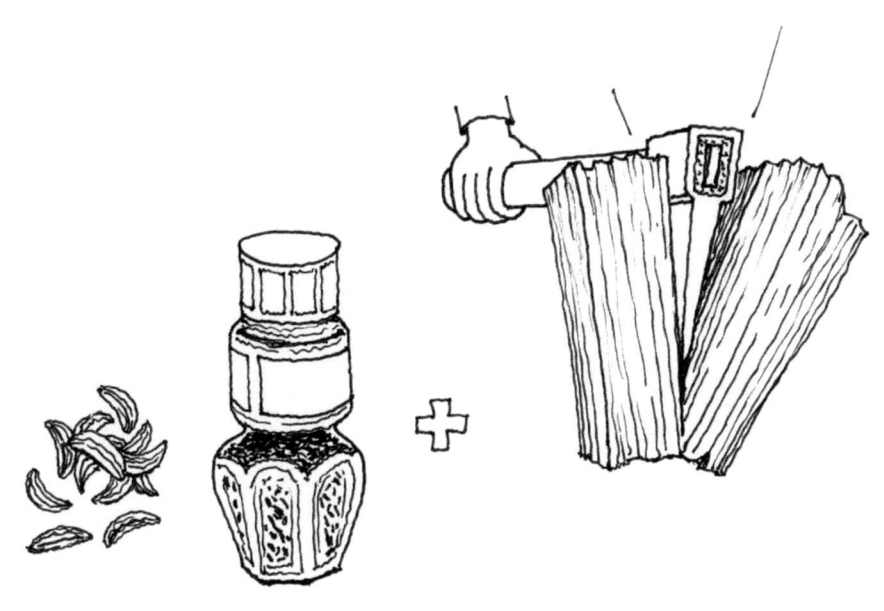

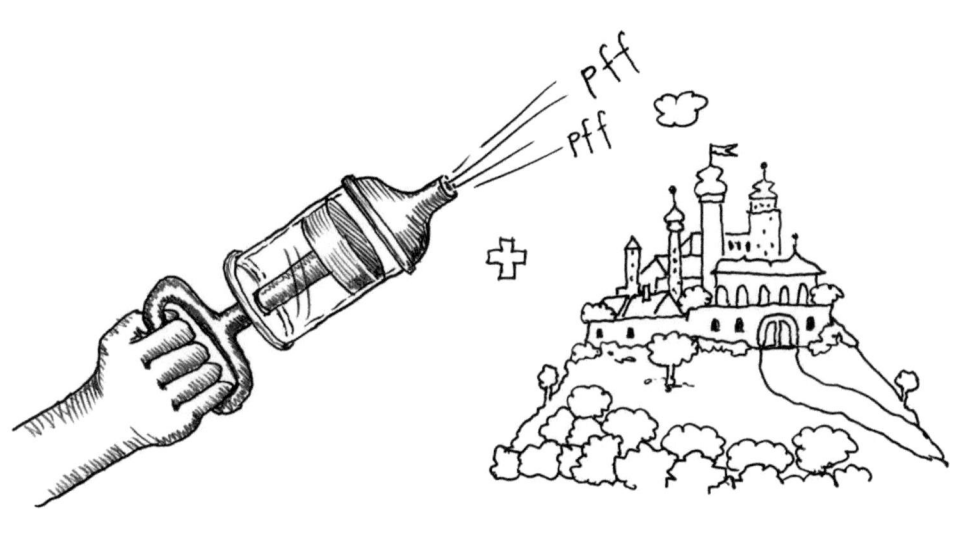

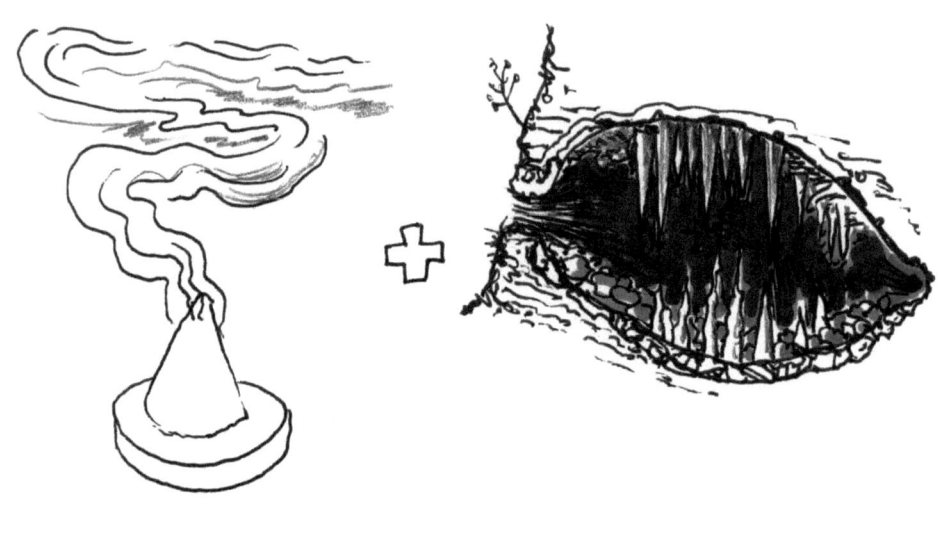

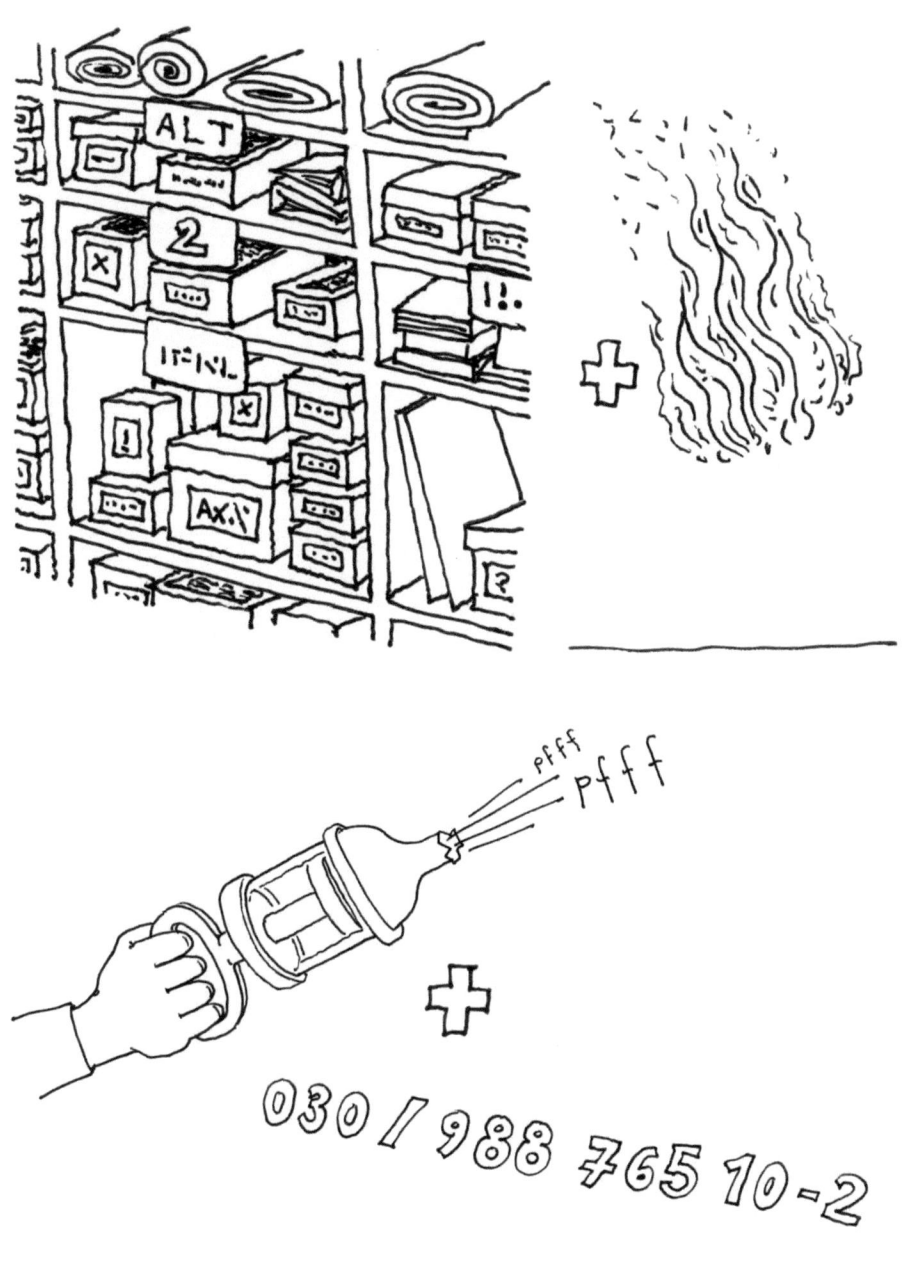

030 / 988 765 10-2

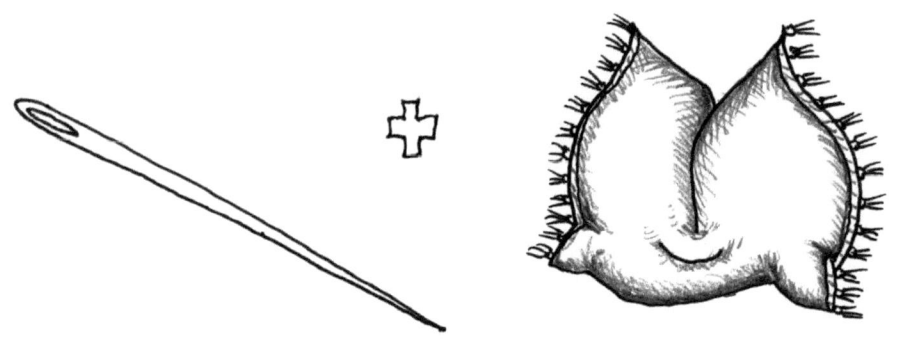

-en

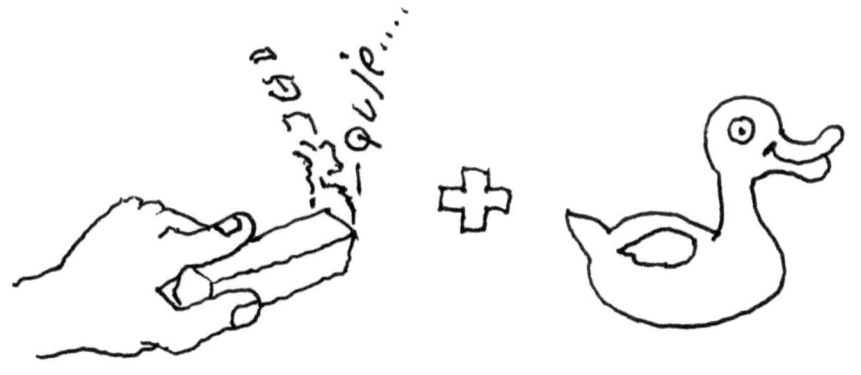

23

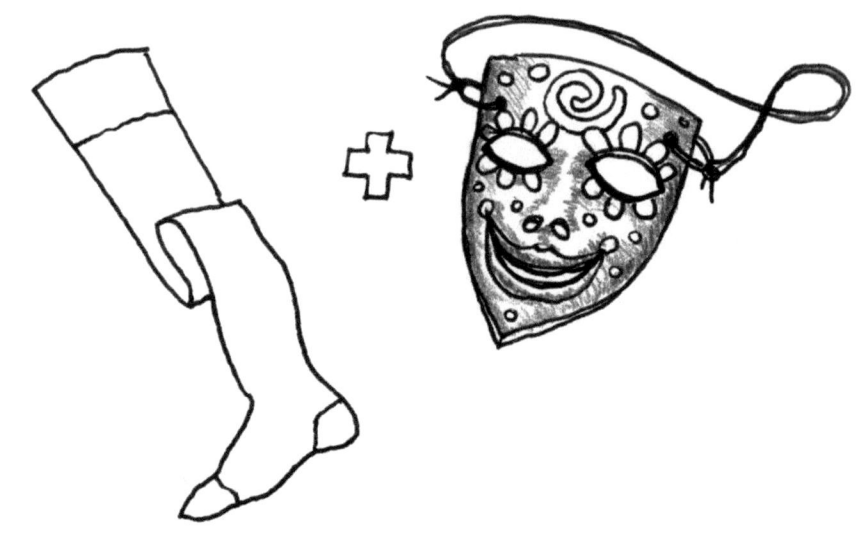

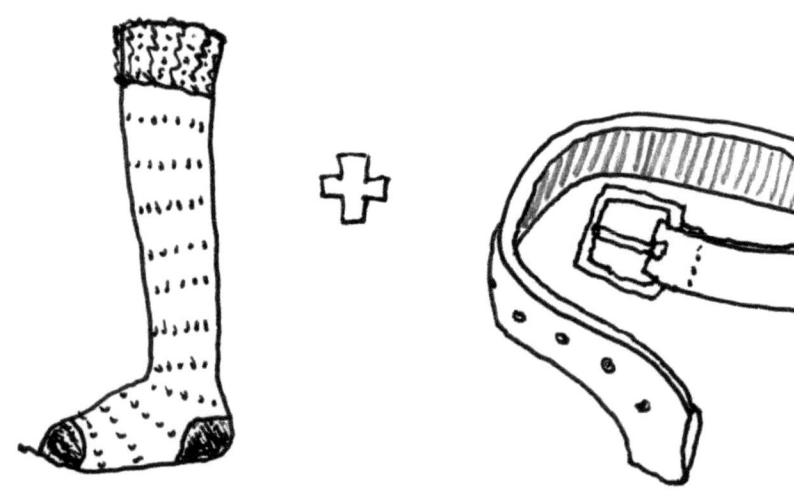

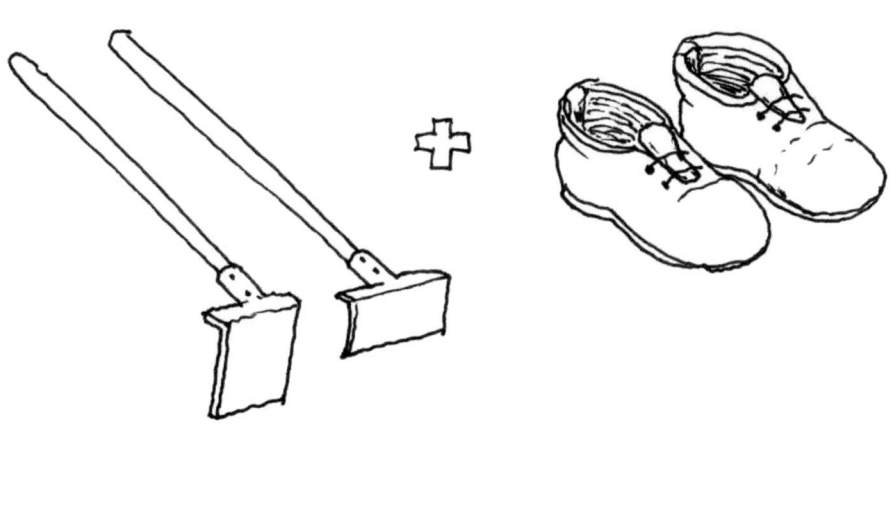

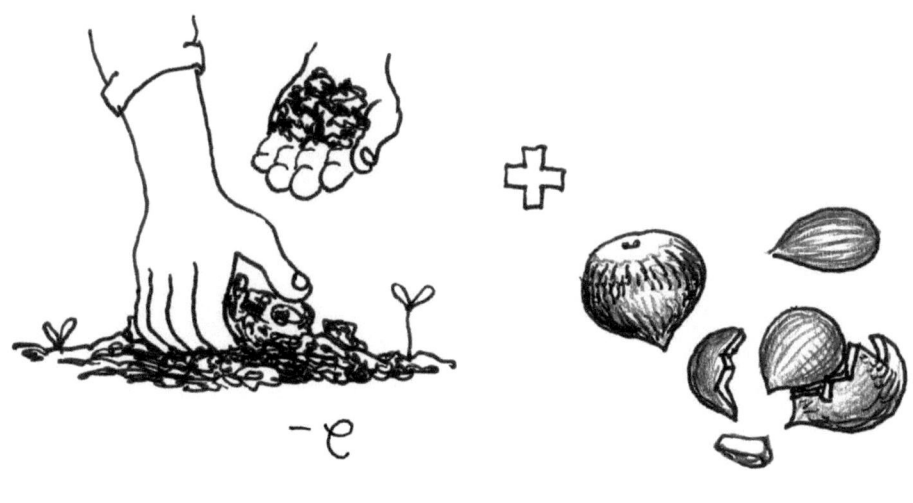

-e +

-n + +

28

 +

englisch

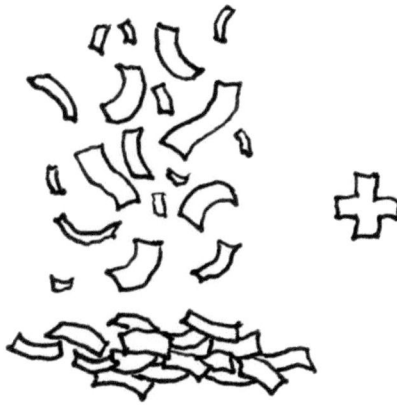

1	Mo	Di	Mi	Do	Fr	Sa	So
2	Mo	Di	Mi	Do	Fr	Sa	So
3	Mo	Di	Mi	Do	Fr	Sa	So
4	Mo	Di	Mi	Do	Fr	Sa	So
5	Mo	Di	Mi	Do	Fr	Sa	So

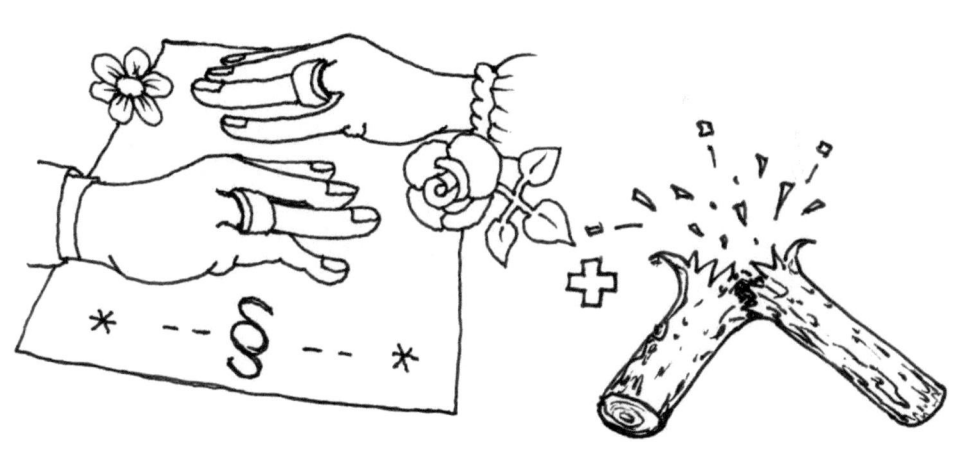

Vibra +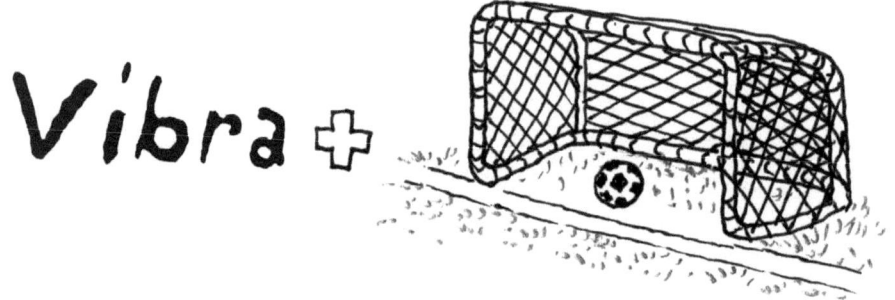

−n

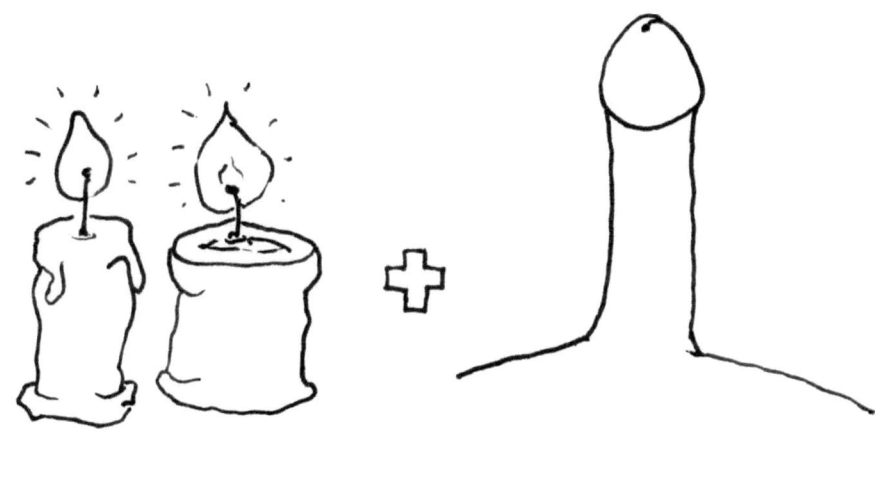

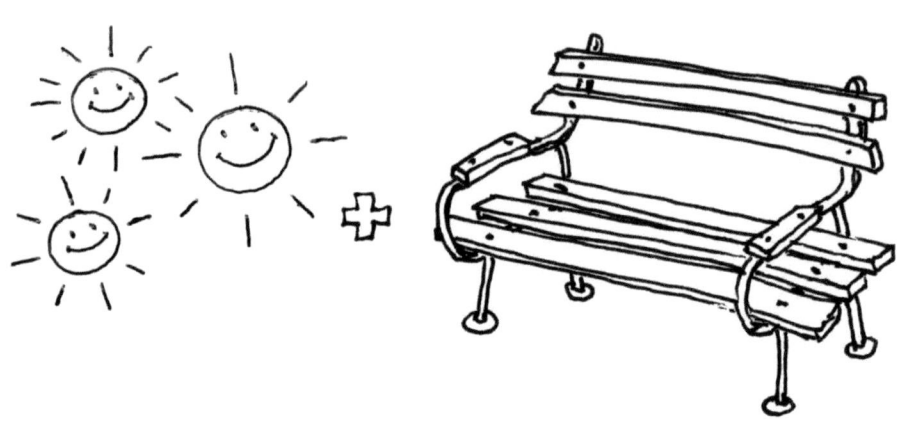

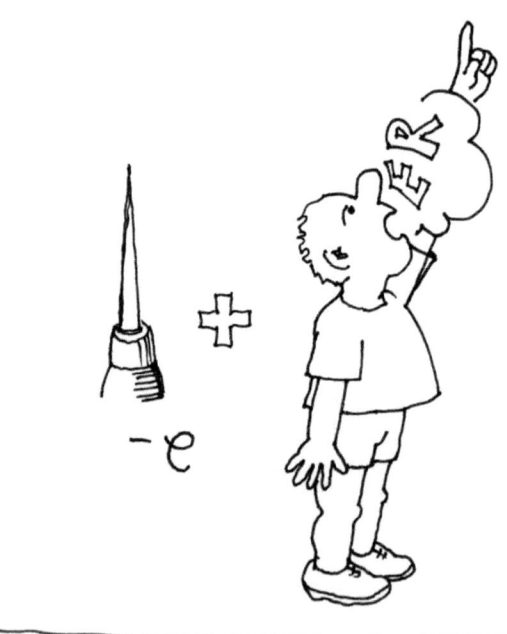

– en

– en

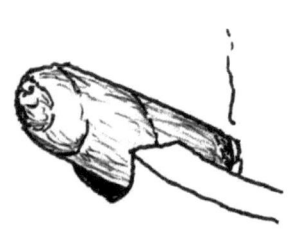  

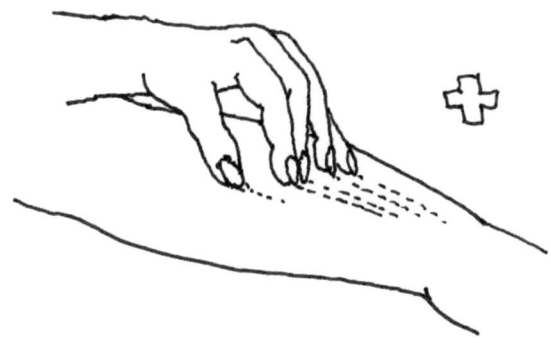 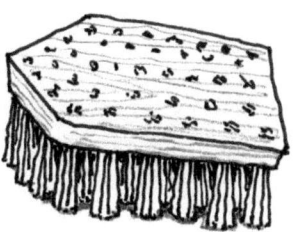

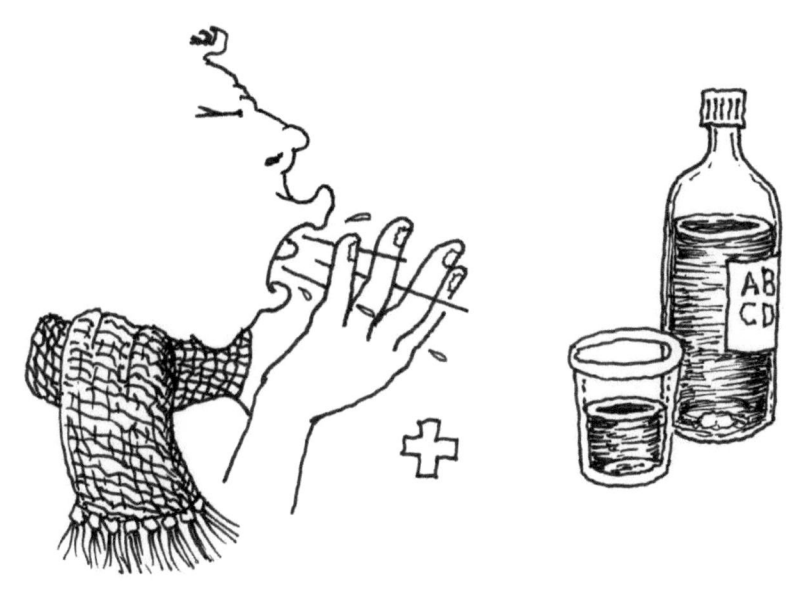

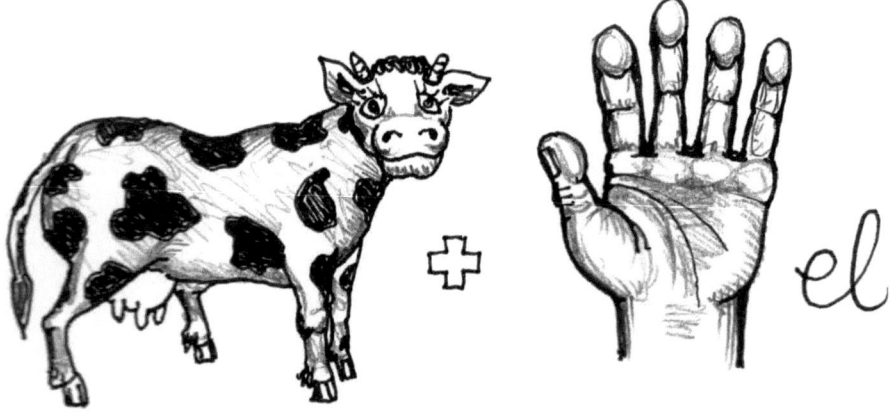

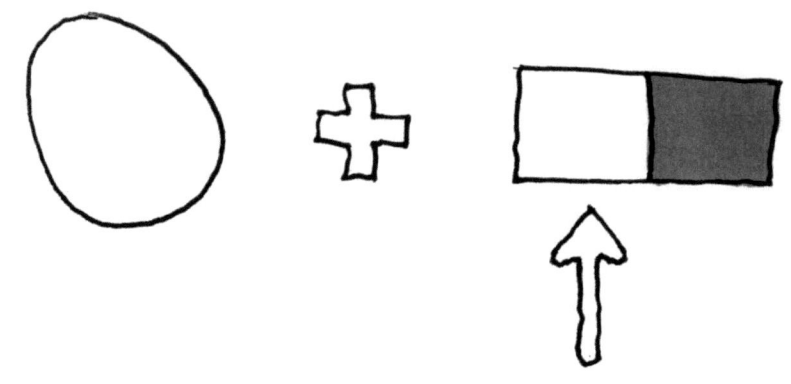

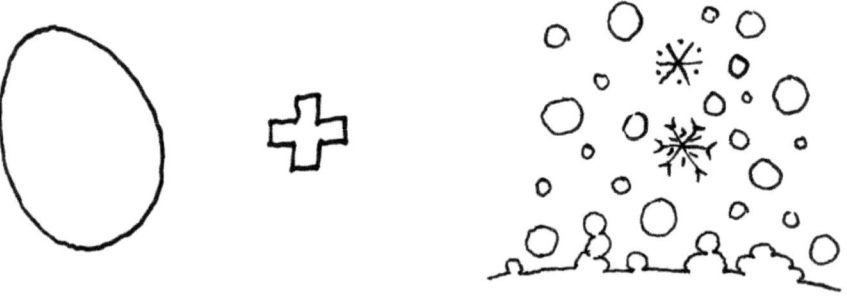

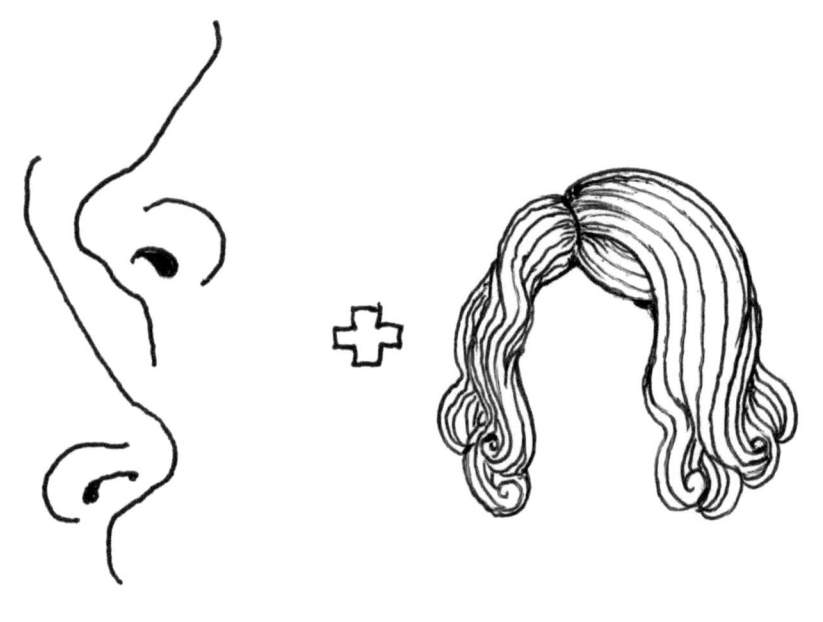

mit chs

 +

mit chs

 +

 +

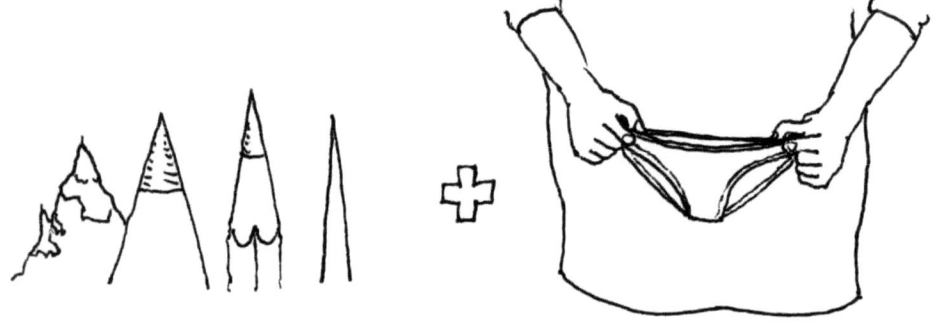

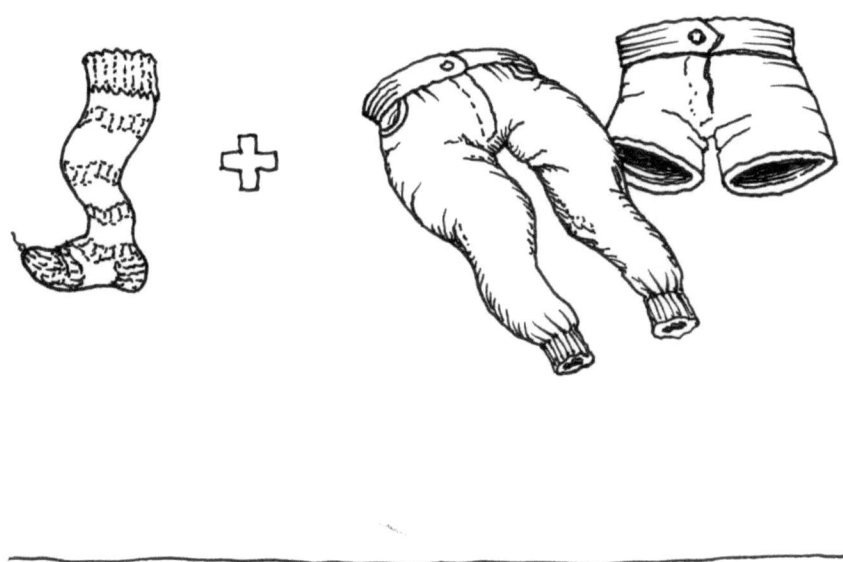

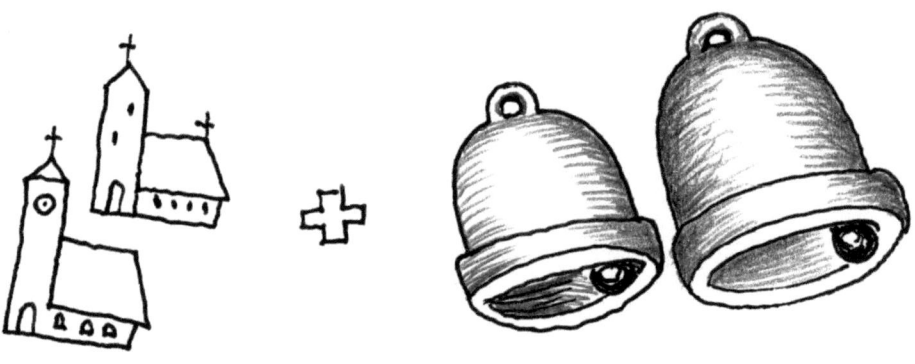

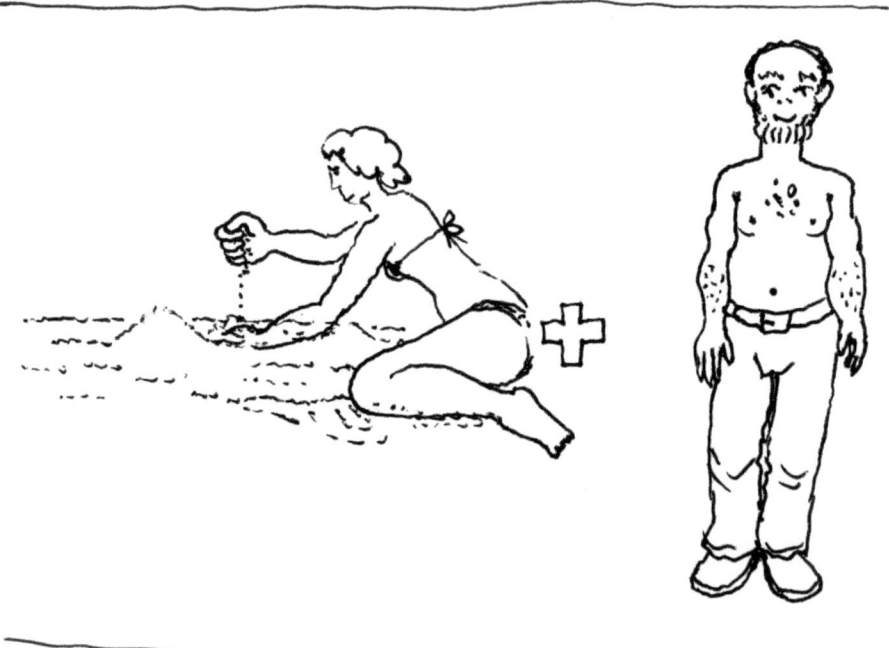

wer ?

T   mit e

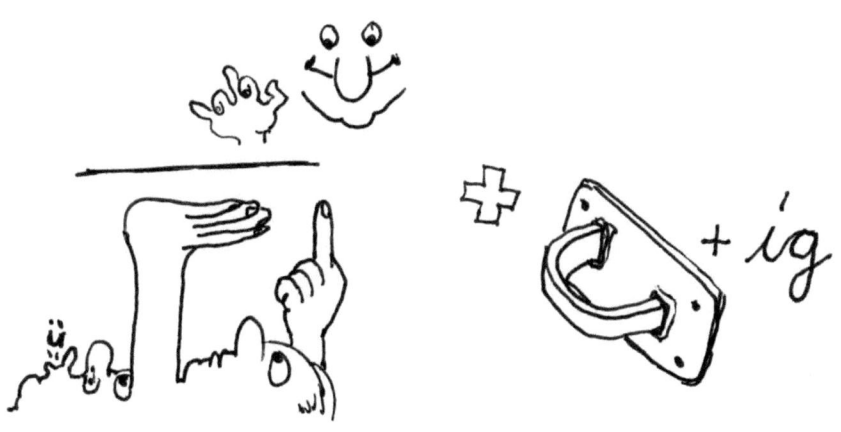

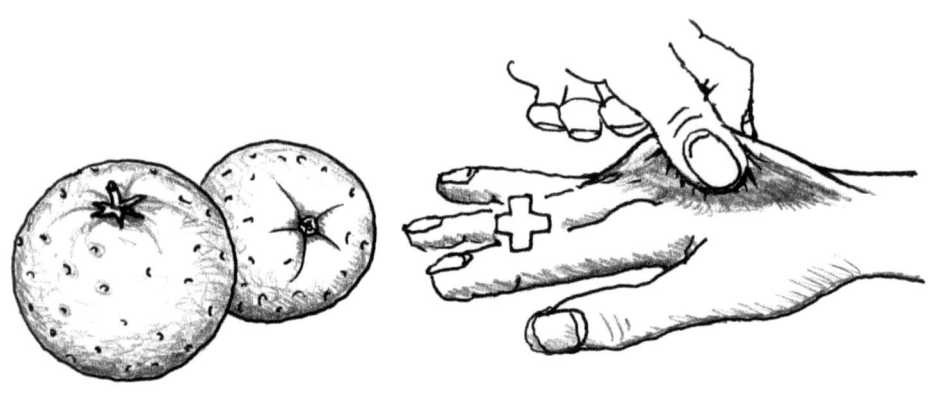

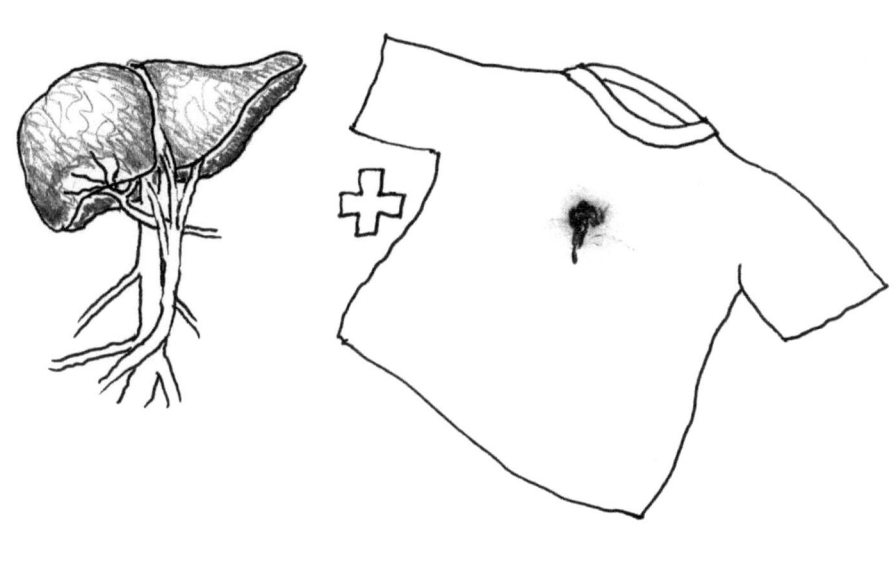

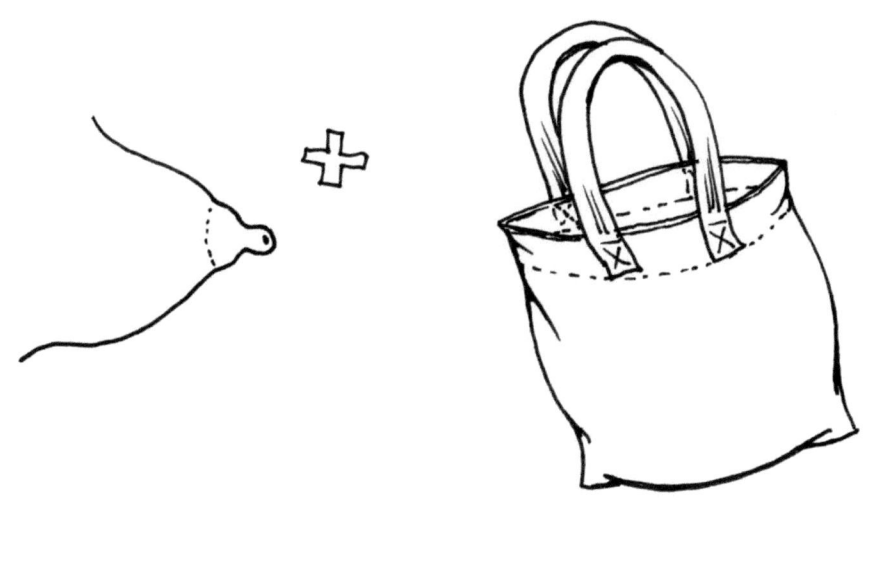

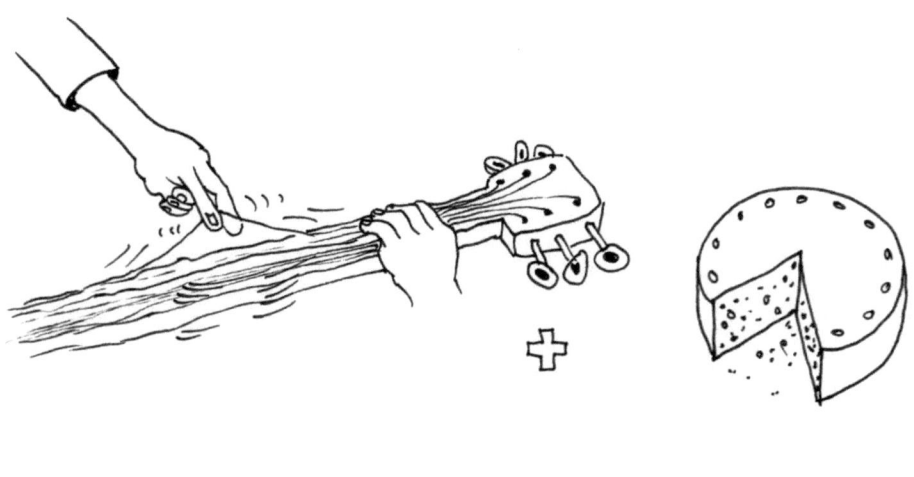

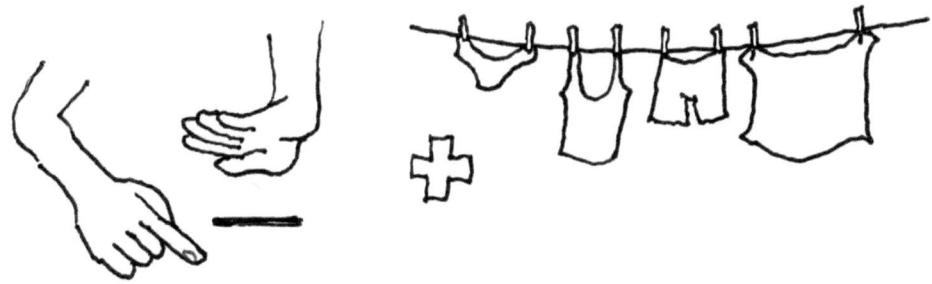

 +

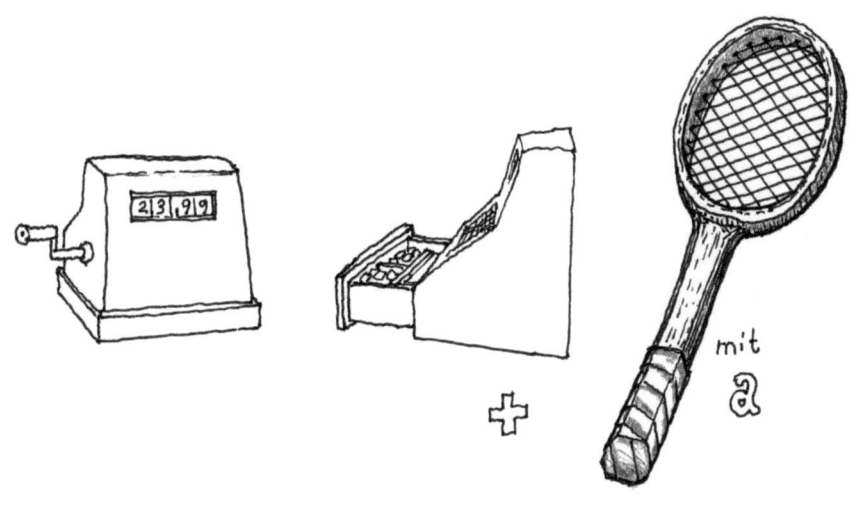

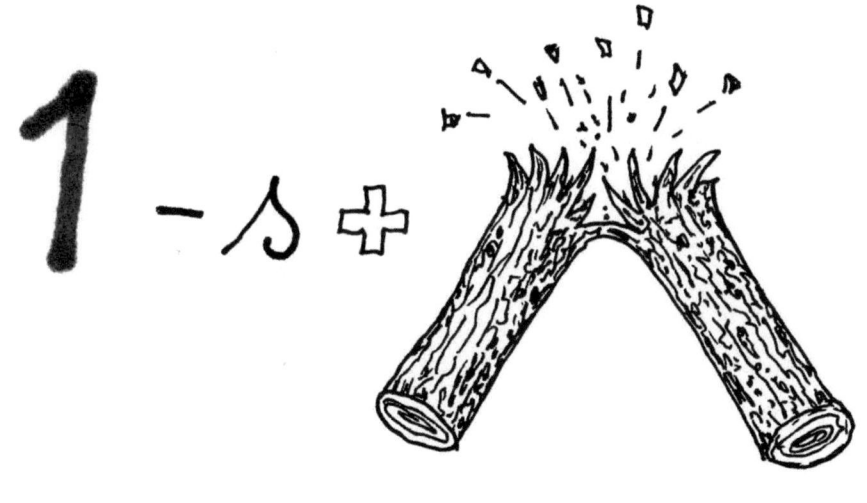

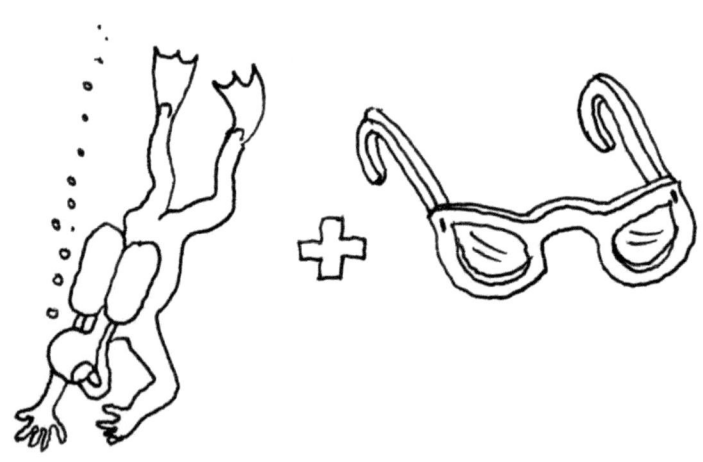

blau & gelb =

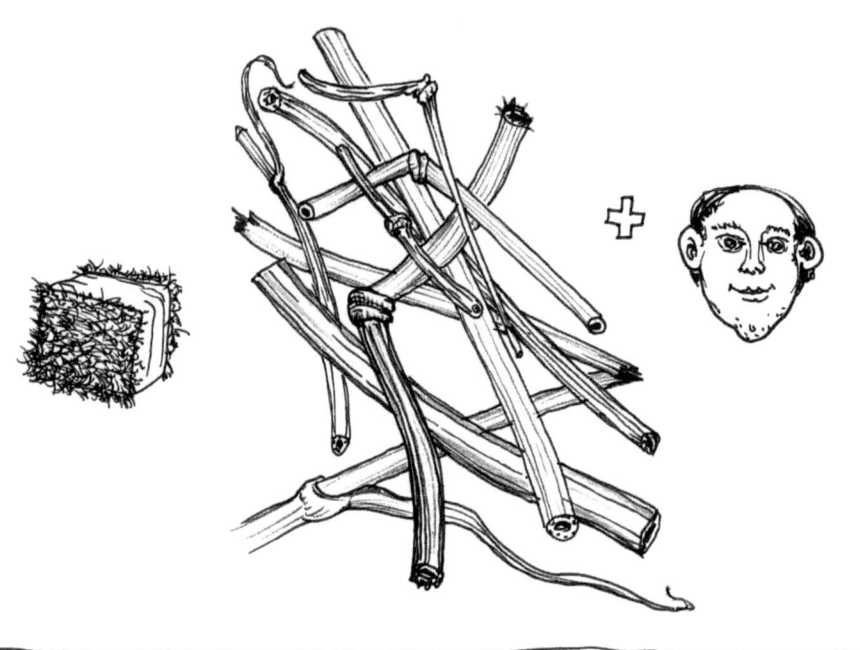

gelb

blau

Grundfarben

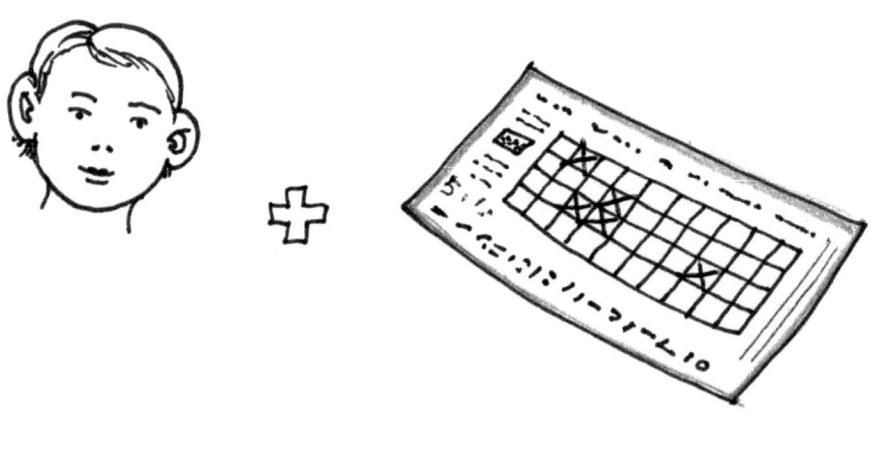

1. 2. 3. 4. 5. 6.

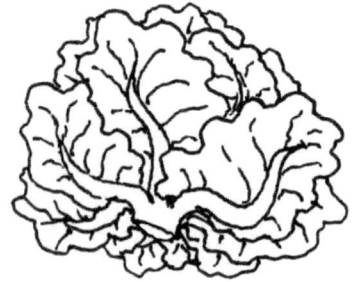 

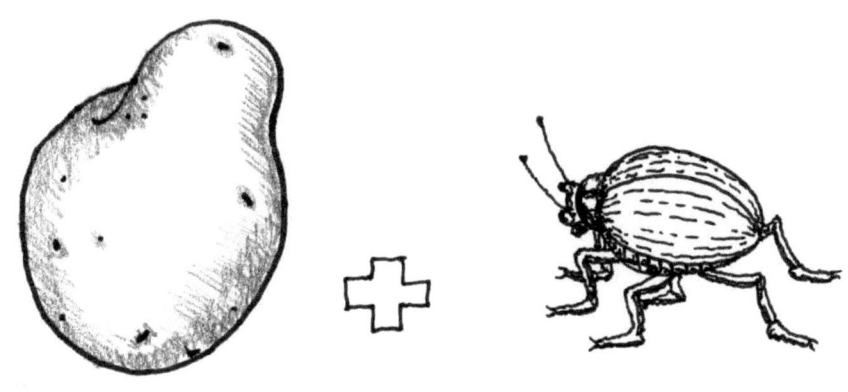

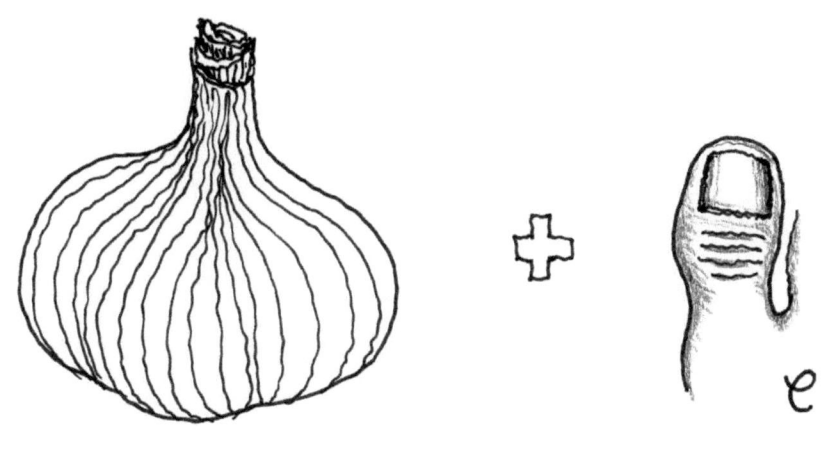

FUCK

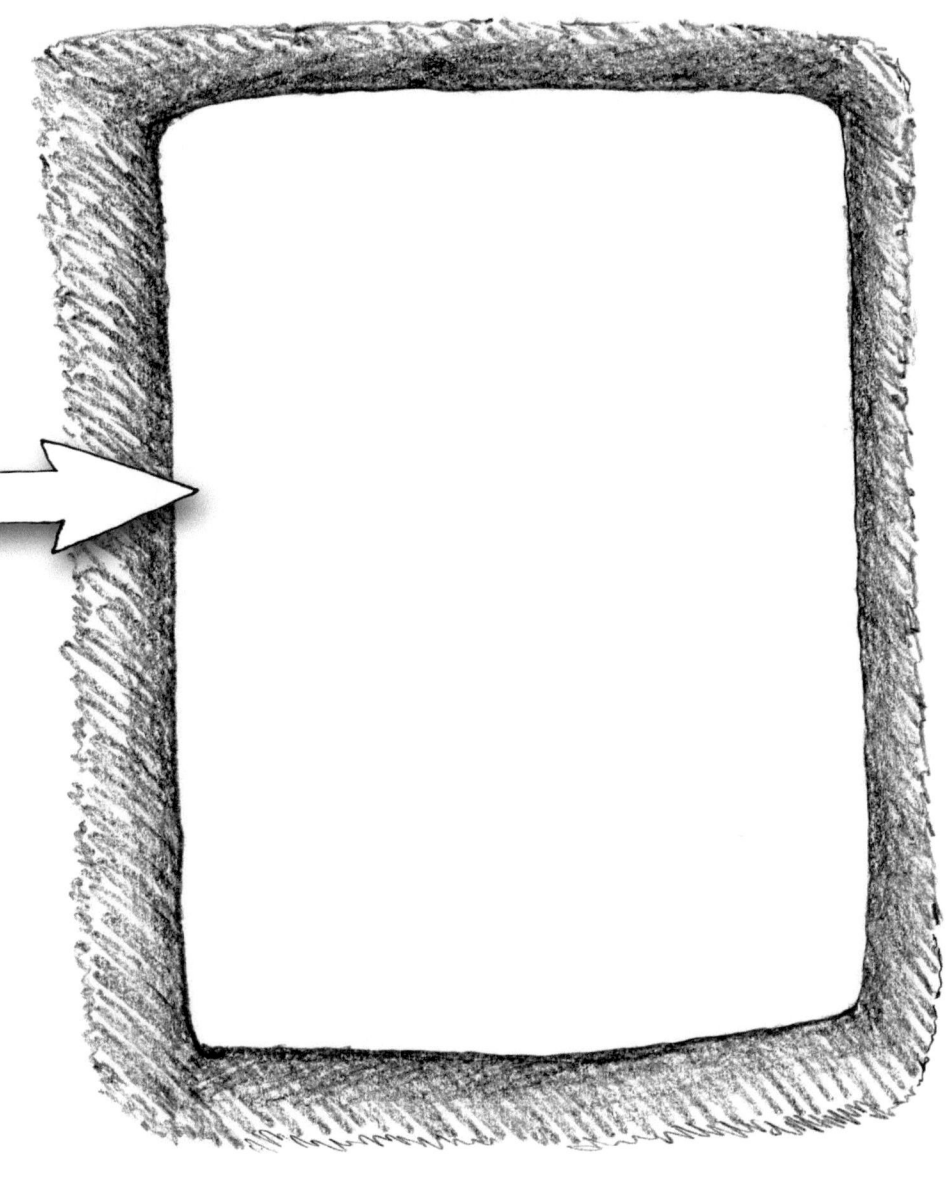

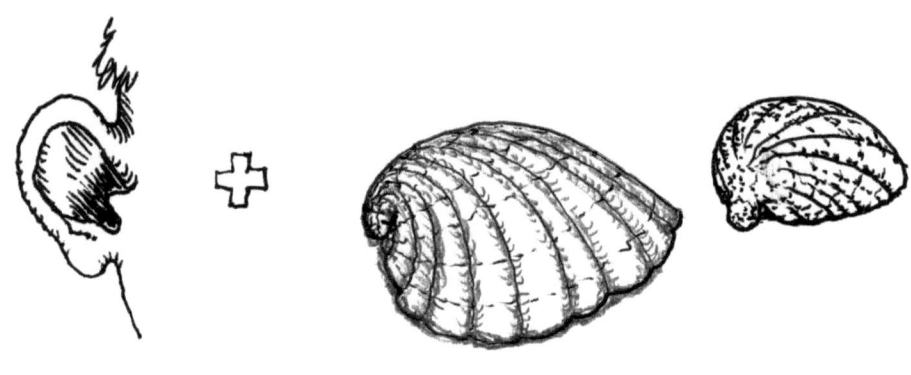

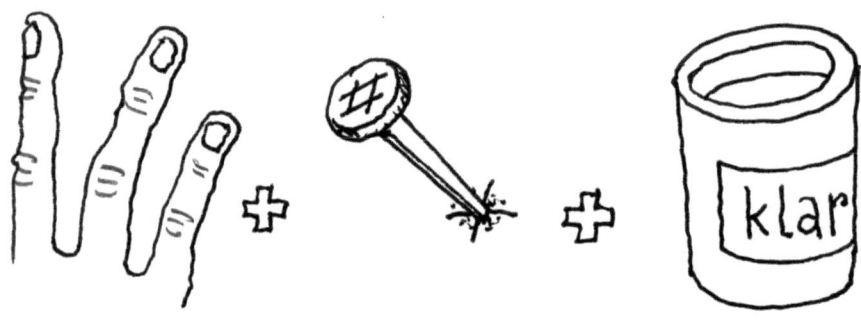

Lösungen

1 Hinterschinken Schaumkuss
2 Käseigel Tomatenpilze
3 Schokoladenbrunnen Brausepulver
4 Blind date Liebelei
5 Orgie Tretmühle
6 Dünnbrettbohrer Kettensäge
7 Ohrstäbchen Ohrstecker
8 Wimpernspirale Antipickelcreme
9 Eisbeutel Toilettenartikel
10 Erpresser Polizei
11 Zuhälter Bullenschaukel
12 Lidstrich Lidschatten
13 Liederkranz Lippenstift
14 Spinnweben Staubsauger
15 Hirngespinst Schubladendenken
16 Grashüpfer Laubfrosch
17 Dreckschleuder Ringelreihen
18 Bussi Traumfänger
19 Kümmelspalter Luftschloss
20 Räucherhöhle Rosenholz
21 Lagerfeuer Luftnummer
22 Nadelkissen Klingelstreich
23 Quietschente Schirmständer
24 Strumpfmaske Strumpfgürtel
25 Busenheber Hackenschuhe
26 Pfeffernüsse Sackratten

27 Erdnüsse Hängebauchschwein
28 Ausfluss Auszeit
29 aushalten Auswurf
30 Hochzeitsnacht Honeymoon
31 Flitterwochen Ehebruch
32 Wäscheständer Vibrator
33 Hängematte Kerzenständer
34 Sonnenbank Himmelbett
35 Himmelfahrt Hühneraugen
36 Hefter Spitzer
37 locker Lockvogel
38 Zigarettenspitze Stummelschwanz
39 Kratzbürste Hustensaft
40 bettelarm Kuhhandel
41 Schlauchboot Eieruhr
42 Eiweiß Eischnee
43 Eileiter Antibabypille
44 Nasenhaare Achselhaare
45 Achselgeruch Haarknoten
46 Liebestöter Spitzenhöschen
47 Hosenstall Strumpfhosen
48 Kirchenglocken Sandmann
49 Strandkorb Vulkanausbruch
50 werfen Schreckschraube
51 übergriffig schlaflos
52 Orangenhaut Krähenfüße

53 Hormonhaushalt Leberfleck
54 Spritzbeutel Windbeutel
55 Brustbeutel Zupfkuchen
56 Salonlöwe Bürohengst
57 Unterwäsche Katzenwäsche
58 Rocker Rockpalast
59 Kassenschlager Einbruch
60 Gardinenpredigt Taucherbrille
61 Schäferstab Schäferstündchen
62 Brautstrauß Kinderkrippe
63 Frauenparkplatz Grünstreifen
64 Strohkopf Holzkopf
65 Rotlichtviertel Damenstift
66 Mondschein kopflos
67 7. Himmel Jesuslatschen
68 Kopfsalat Salatherzen
69 Kartoffelkäfer Knoblauchzehe
70 Pferdegebiss faktisch
71 maßlos Suppenkoma
72 Sexbombe Pyramidenkerzen
73 Ohrmuscheln Fingernagellack

Zugabe

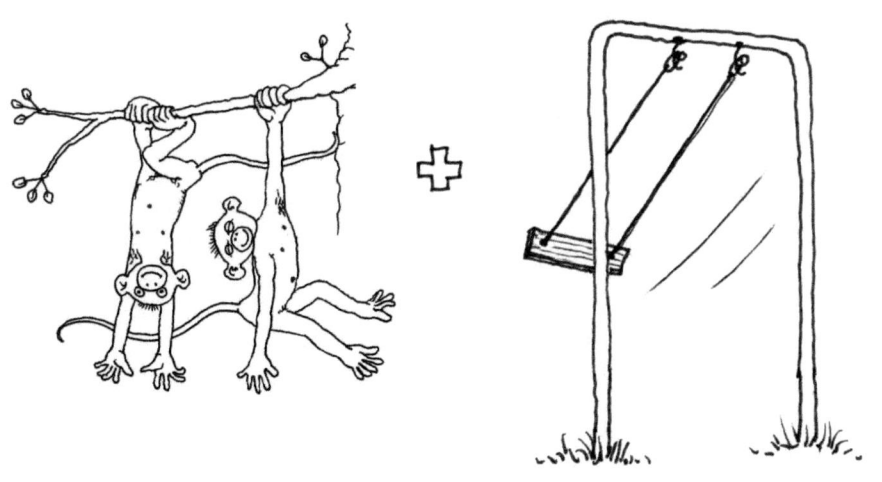

Dank an

— – ❋ — —

Sieglinde Josh Dora Christian

Leonore   Isolde   Patrick

Gio Conny Poul Elfe

Heidi & Phil

❋

Vorschau :

— — ❀ — — —

Maren Roloff, BilderRätsel für Frauen, Komik und Hirnjogging
ISBN: 978-3-7347-6873-6, Taschenbuch, 88 Seiten, 14,8 x 21cm
erschienen bei Books on Demand.
spritzig wie dieses ! ein schönes Geschenk !

bisher erschienen :

— — ❀ — —

EAN: 9783738693843
ISBN: 978-3-7347-5373-2

EAN: 9783738694369
ISBN: 978-3-7347-5892-8

EAN: 9783738694741
ISBN: 978-3-7347-5989-5

Maren Roloff
BilderRätsel
Taschenbuch
68 Seiten
14,8 x 21cm

erschienen bei
Books on Demand.

mehr Info über Maren Roloff
www.galactic-jokes-berlin.de

galactic jokes berlin ☼

galactic-jokes-berlin.de